새벽 지음

새벽,
별 담은
너의 안식처

FOREST
WHALE

프롤로그

사람에겐 누구나 고요한 새벽이 찾아온다 그 새벽 어스름 어딘가에서 지쳐 있을 나에게 창밖의 풍경과 별을 보면서, 지나간 시간의 추억이나 기억 혹은 자신에게 하고 싶은 이야기들을 시로 담아봤다.
나 역시 바쁘게 지내는 일상 속에 나만의 안식처를 찾아보곤 했다.
게임으로 휴식으로 혹은 음악으로…
많은 것들로 나의 마음과 생각을 채우려 했지만, 생각보다 채워지기 어려웠다.
그럴 때 문뜩 책을 읽게 되었다 물론 삶에 지치고 너무 바쁜 나머지 책을 보기란 어려울 수도 있는 상황일 수도 있지만, 무턱대고 해보았다.
세상엔 자신이 하고 싶은 것을 하는 사람보다 하기 싫은 것을 참아내고 꾸준하게 해온 사람에게 다른 사람과는 다른 길이 열린다 생각했다.

영화나 만화에 나오는 글자조차 나에겐 그저 거부감이 드는 하나의 글자일 뿐이었던 나에겐 쉽지 않은 일이었지만, 점점 늘어가는 숫자에 무엇이든 해봐야 될 것만 같았다.

 책은 자신에게 좋은 영양분이 되기도, 때로는 참아온 감정을 터뜨리는 하나의 친구이자, 좋은 선생과도 같았지만, 나에겐 그 마저도 부족한 부분이 있었다.

그래서 글을 쓰기 시작했다.

글을 쓰면 글안에선 내가 할 수 없던 일들이 이루어지고, 내가 하지 못한 말들 이 글로 나타났다 그렇게 시작된 글이 누군가의 위로가 되는 것을 우연히 보았고, 나에게 고맙다는 말이 나에게 위로가 되었다.

그렇게 나의 글이 누군가에게 위로가 되고 싶은 게 나의 꿈이 되고, 그 꿈들을 모아 이 책을 펴낸다.

어쩌면 주변 사람들이 비웃을 만한 나의 꿈, 단 한 사람이라도 이 책의 시 한 편 글 하나 혹은 한 구절이라도 보고 누군가의 공감, 혹은 그리움, 위로가 되어주고 싶다.

다소 복잡하고 어렵게 쓰여진 시 구절일 아닌 조금은

이해하기 쉽고, 단순한 글의 나열이 아니라 가슴속에 남아있는 기억이나 추억을 되살리거나 혹은 공감으로 자신의 잃어버린 감정들을 깨워 감동으로 다가오도록 하고 싶었다.
단 한 명의 독자라도 좋다.
그저 이 글에 나의 영혼을 놓고 가니 너에게 공감과 위로가 되는 시가 되고 싶다.

(분위기 있는 노래와 함께 읽으면 좋습니다. 늘 음악을 들으면서 글을 썼기에… 그리고 혹시 자신에게 처한 상황에 맞는 파트를 찾아서 굳이 처음부터 아니어도 되니 자신에 맞는 글을 찾아보는 걸 권해드립니다.)

차 례

Chapter 1
네가 가는 길 위 어디든 괜찮아 (공감)

관계의 숫자 _15
두려움 _17
무소용 _19
괜찮은 걸까 _20
어른아이 _21
나의 봄은 어디에 _23
상처 _25
안개 _26
숲 _28
구겨진 페이지 _29
여전히 겨울 _31
무지 _33
어디쯤일까… _34
몰랐다 _36
두 번째 스무 살 _38
그저 외로움이라 _40
망각의 굴레 _41

일방통행 _43
고독 _45
흔들리다 _47
허투루 _49
깊은 바다의 고래 _51
헤살 _53
강박 _55
Some Day _56
인정 _59
소통 _61
꽃 _62
신기루 _64
신중 _65
믿음 _66
너에게 _67
송곳 _68
한숨 _70
바보의 하루 _72
인생 _74
사과 _76
친구 _77
청춘 _79
망각 _81

절실 _83
향수 _84
진짜였을까 _86
이방인 _88
삐져나옴 _90

Chapter 2
너의 향기로 물든 그 계절(사랑)

빈틈 _94
우리의 계절 _96
선회 _98
너라서 _100
눈꽃 _101
나비 _102
여우비 _103
그날의 햇살 _104
미모사 _106
평범한 사랑 _107
겨울 안의 봄 _109
나만 _111
헤어지지 못하는 이유 _112
바래다준 그 길 _114

사랑은 그런 것 _115
버스 안 로맨스 _117

Chapter 3
하나이길 바랐던 꿈(이별)

짧은 러브 스토리 _122
나라서 _124
바람 속에서 _125
답장 _126
그림자에 가린 너와 나 _127
이별의 빈자리, 오만함의 끝에 너를 마주하다 _129
마지막… _131
꿈 _133
어쩌다 우리 _134
작은 것조차, 이별은 참… _136
그날의 눈물 _138
시작과 끝 _140
캠퍼스의 추억 _142

Chapter 4
지나간 시간에 너를 마주하다 (그리움)

기억의 실 _148
봄과 겨울의 경계 _150
흔적 _153
겨울 속 핀 벚꽃 _155
네 무릎을 베던 그날 _157
만약에 _159
니가 드리운다 _161
눈의 계절, 횡단보도 앞 신호등 _163
그때의 너 _165
가을비 _167
맴돌다 _169
바다와 조개 _171
선연해지다 _173
하늘구멍 _175

Chapter 5
고개 숙인 나에게(위로)

욕심 _180
도망가자 _181
도화지 한 장 _183
나에게 _185
힐링 _187
미미(美美) _188
애쓰지 마라 _189
한숨 _190
해피엔딩 _191
하루 _193
시간의 탑 _194
잠시 쉬면 되는 것 _195
윤슬 _197
지나가리라 _199
속지 마세요 _200
내 주위의 행복 _201
장애물 _202

Chapter 1
네가 가는 길 위 어디든 괜찮아(공감)

사람들은 살아가면서 수많은 일과 생각에 휩싸여 버리곤 한다.
단순히 기쁨, 슬픔, 좌절 등 표현할 수 없을 만큼 감정의 소용돌이에서 버티고 견뎌내는 시간들이 비일비재하다.
저자도 역시 삶에서 느꼈던, 과거의 회상이나 그때그때의 감정 등을 글로 나타내 보았다 물론 공감이 되지 않는 시들도 있겠지만, 수많은 글들 중 하나, 둘쯤은 공감으로 다가가길 바란다.
그저 너에게 보내는 편지 혹은 말로 설명할 수 없는 자신에 대한 느낌들을 글을 통해 공감하고 잠시 쉬어 가는 시간을 갖기를 바란다.

공감이란 그런 것이다.

나의 감정들이 타인을 통해 혹은 여러 가지의 것들로 이입해서 자신을 투영하고 위로받을 수 있다 생각한다 아마 그 공감으로 위로받을 수 있기를 바란다.

Part 1

지친 하루 끝의 나

관계의 숫자

난 너에게 10을 주었는데
돌아오는 건 1뿐이었다

그저 사랑과 관심이었는데
돌아오는 건 화살이었다

10을 뺀 9의 상처가 크게 다가와
쓰라린 가슴을 부여잡고 움켜쥔 채
스스로 상처를 어루만지며 달래지만

생각보다 컸던 내 마음에
혼자 치유하기 버거워
이내 눈물이 흐르고,

사랑이 닿을 줄 알았는데
상처로 돌아온다는 걸 알게 된

너무 늦어버린 시간에
아픔만 더해간다

오늘이면 나아질 거라
내일이면 괜찮아질 거라

누군가의 위로를 기대하며 지나온 나날
한낱 허황된 꿈은

흩날리는 바람에 날리고
일렁이는 파도 위 윤슬처럼
잡을 수 없는 허황된 허깨비였다

두려움

잘하고 있는 걸까

수많은 고민과 걱정
아직 이루지 못한 꿈마저 흔들린다

떨쳐내고 쉼 없이 달려온 시간
무거운 바위에 새기며
한걸음을 떼어 밟아온 길

닿을 듯한 눈부심에 이끌려 뻗은 손

그 앞에 놓인 채 주저하는 발걸음

두려움은 그런 것이다

시도 때도 없이 다가와 나를 흔들고
희미한 빛 그마저 암흑으로
벗어나려는 몸부림조차 무의미해지는

이 늪에서 꺼내 줄 손길을 기다려야 하는지
의문만 가득하지만

결국 나오는 건 나뿐일 거란 생각에
한껏 힘주었던 온몸의 힘
잠시 느슨하게 한 채

헉헉거리던 숨을 토하면서
힘겨운 한마디를 건넨다

조금만 더…

무소용

그리워한들 소용 있겠는가
두려워한들 달라질 게 있겠는가

지나가는 낙엽에 베이는 상처
잠시 쓰리고 아픈 계절

돌고 도는 실낱같은 꽃씨로
스며질 그리움의 잔상으로
가려진 처마 밑 제비집으로
상처 없이 훑고 지나간 바람은 없으니

그저 바라볼 수밖에…

괜찮은 걸까

이대로 삶을 떠난다면 괜찮은 걸까
기뻤던 날 슬펐던 날
모두 간직한 채
아름답게 떠날 수 있을까

기다림의 반복
허무함의 시간 속
아무것도 아니었던 것은 아닐까

누군가의 소중한 존재로 가슴에 남은 채
때때로 기억되고 추억되는
그런 나일 수 있을까

지금 이대로 괜찮은 걸까

어른아이

어렸을 적 난 커 보이려 애를 썼다
작은 바람에도 흔들리지 않는
그런 굳건한 바위가 되고 싶었다

시간의 흐름 속 지난 세월
바위는 구르고 굴러
강물에 휩쓸려
작고 매끄러운 자갈이 되었지만,
그저 여린 돌에 불과했다

변한 건 없고
불안함과 초조함
눈치만 늘어
아무것도 하지 못하는
아직 어린아이에 불과했다

두려움 마음과 상처로 가득한
그저 작고 작은 돌멩이…

나의 봄은 어디에

매번 겨울은 아니었다
분명 잠깐이지만 인생에 봄도 있었다

그 따스함 봄인지 모른 채
메말라가는 초록의 잔디가
봄이 없던 듯 노랗게 질려
추운 겨울 속 죽어질 것을

너도 그렇다

언젠가 올 봄만 기다리고 있는가
그 봄을 위한 준비를 하고 있는가

노력 없는 기다림은
허상에 불과하고

바라기만 한 시간은
바람에 사라질 뿐

어디에도 봄은 없으며
어디에도 햇살이 비추지 않는다

참고 견뎌 여물고 버텨
맺는 열매는 쉽게 오지 않으니…

상처

같은 위로의 반복일지라도
너에겐 다르게 느껴짐은
네 상처가 다시 아파왔기 때문이다

멀어질 듯 사라질 듯
걸터앉아
그 자리에 맴돌지만

애써 외면했던 시간이 무색하게 다시 찾아와
나를 괴롭힌다

안개

앞으로 나아갈수록 점점 더
뿌옇게 짙어지는 시야가 거슬렸다

긴장한 어깨는 짙어질수록 무거워졌고,
언제 끝날지 모르는 안개 속에 파묻혀
이러지도 저러지도 못한 채

한 걸음 나아갈 용기조차 없이
그 자리 주변을 멍하니 살피고

저 멀리 희미한 안개 사이 나를 부르는 손짓
그렇게 무거운 한 걸음을 내딛고는
행여 그 앞에 너를 걷어내고
또 다른 희망이 날 기다릴까
하는 기대에 한 걸음 한 걸음 빛에 가까워져 가고
누군가의 손짓처럼 느껴져 다가갔지만,

착각 속 환영일뿐
다가갈수록 선명하진 넌 사라져 버리고

자욱했던 안개는
악마의 노련한 술수였다

숲

괜찮아
새벽이 오는 건
아침을 맞기 위함이니까
비와 바람은 너를 스칠
한낱 날씨일 뿐이니까

넌 누군가의 숲이 될 거니까

구겨진 페이지

아픔도 시간이 해결할 줄 알았다
고통도 지워지길 기도했다

가슴 한구석에 애써 접어놓은
구겨진 한 페이지

지쳐가는 시간 속 손을 넣어 잡아보고
아무 생각 없이 펴본 구겨진 페이지에
왠지 모를 눈물이 그렁거렸다

어딘 가에 내팽개쳐져 버린 줄 알았던
그 페이지 속 나의 행복은
잃어버린 시간의 침묵이었고
구겨진 주름을 펴내기엔
너무 작아진 나였기에

그저 바라볼 수밖에 없었다

그저…

여전히 겨울

시작도 끝도 겨울
아련한 추억 속에
멈춰 서 있는 나

분명 나에게 겨울은
봄이었는데,
지금은 겨울뿐

봄도
여름도
가을도

언제 끝날지 모르는
이 계절은 한없이 흐른 채
애꿎은 그 순간으로 되묻고

다시 오지 않을 시간에
다시 오지 않을 순간에
언제 끝날지 모르는
긴 겨울만 서려 있다

무지

때로는 무지가 좋다
알아서 느끼는 고통보다
모르고 해내는 무지함이
어쩌면 무지는 하나의 무기일지 모른다

무지하기에 생기는 용기가
의지로 나아가는 삶이
앎으로 인해 주저하는 삶보다
나을 때도 있는 법

때로는 무지해도 좋다

그게 너의 힘이 된다면…

어디쯤일까…

이미 꽃이 폈을까
지고 있을까

수없이 달려왔기에
지금 이 순간을 맞이하지만

가슴 속 포말이 터지듯 한없이 부서져

꽃이 피길 바란 그 시절
어떤 꽃이 될까
기대 많았던 그때
무슨 꽃인지도 모른 채
외롭고 쓸쓸한 시간

언제 필지 모를 그 꽃이 되기 위해
그 영겁의 시간을 버텨내지만

너른 들판 주변을 서성거린 채
정작 나를 볼 시간은 없이
여전히 그 자리를 맴돈다

몰랐다

아플 땐 몰랐다
세상이 아름다운 줄

슬플 땐 몰랐다
일상의 소중함을

있을 땐 몰랐다
너의 따뜻함을

그때는 몰랐다
그 시간의 평온함을

진심을 알고 나니
보이기 시작했다
보이지 않던 것들

눈을 떠보니 알았다
나의 소중함을

두 번째 스무 살

길지도 짧지도 않은 시간
무언가를 알아가기엔 부족하고
무언가를 시작하기에 애매하고
무언가를 끝내기엔 모자란 나이

변한 것은 없는데
나이만 자라 있다

아직 멀었다 생각했는데
어느새 다가온 두 번째 스무 살

떨어지는 낙엽 때문인지
시린 바람 때문인지
마음만 쓸쓸한 그 계절

오지 않길 바랐는데
성큼 다가와 재촉한다

그렇게 또 지나간다…

그저 외로움이라

다름이 다름을 인정할 때
나름의 이해가 더딜 때
상처는 더해져 가고
다시 또 혼자가 되는구나

베인 상처가 아물지도 않고
다른 아픔이 다시 깊이 더하곤
아무렇지 않다는 듯
유유히 사라지는구나

이럴 줄 알았더라면 가까이하지 말 걸
이럴 줄 알지 못한 나의 불찰이구나

이렇게 캄캄한 밤은 더욱더
깊어만 가는구나

망각의 굴레

기억의 주머니에 하나씩 넣어 가끔씩 꺼내 본다
차고 넘쳐 흘러내린 기억이 바닥에 떨어지고
그렇게 하나가 사라졌다

많은 것을 돌아보려
많은 것을 추억하려
주머니 가득 넣어보지만
욕심에 불과했고

다시 손을 넣어보지만
좋은 추억만 흘러넘쳐 떨어지고
점점 나쁜 기억만 남아
주머니에 가득하다

끝없는 욕심에 꺼내려 할수록
남아있는 추억조차 없이

빈 주머니가 되어가지만

바보 같은 난 텅 빈 주머니만
다시 뒤적거린다

일방통행

가슴 한편 내어주려 애써보지만
이내 차갑게 돌아온 바람에
다시 또 눈물짓는다

어디서부터 인지
알 수도 없는 시작
끝이 다가오는 계절
하염없이 눈 위로
허탈함 수 없이 내리고

지나면 나아질 거란
허망한 바람들
그렇게 흩날려
쌓이고 쌓여

어느새 눈 덮인 온 세상

나아갈 수도 돌아갈 수도 없이
방황 속 마주한 자리
표지판만 바라본다

고독

누군가에겐 짧은 생이나
누군가에겐 긴 삶이다

분명 혼자가 아닌 채 누군가의 사랑 속에서
태어났지만 어느새 혼자가 되었구나

이 삶이 주어진 게 나의 운명인지
내가 삶을 이렇게 만든 것 인지

수십억 인구 중에 나를 위로해 줄 이 아무도 없구나
순간순간 지독한 외로움은 이루 말할 길이 없구나

어쩌면 지나가는 저 새 한 마리 역시
나와 다를 것이 없으며,

언젠가 그 새 역시 혼자가 아닐 때가 있었을 터이니
아마 이 외로움은 내가 만든 것이겠구나

떨쳐 버리고 이겨내지 못한 나약함이
지금의 삶을 만들어 놓고는
괜스레 하늘을 향한 원망뿐이구나

태어날 때부터 외로운 사람이 어디 있으랴
누군가의 손길로 태어나
외로이 홀로 가는 세상에서
그 순간순간이 지독한 외로움이구나

흔들리다

바람에 흔들리는 초
파도에 흔들리는 배
비바람에 흔들리는 나무

우주도 흔들리고
지구도 흔들리는데
너 역시 흔들리지 않을 수 없다

작은 떨림에서 시작한 흔들림은
큰 파도가 되어 오지만

뜨고 지는 태양 아래
반복되는 하루에도 수십 번
흔들리며 살아낸다

삶은 그런 것이다
매 순간의 흔들림에
좌지우지되지 않기 위해
버티고 버티는 과정이며,

서 있기도 힘든 땅 위
흔들리지 않기 위한 여정이니
흔들림은 그저 자연스러운 것일 뿐이다

허투루

헛헛한 세상
좀 다르면 어때
지나칠 때도 있는 거지

그득한 잡념으로
스스로 옥죄지 말게나

허투루 사는 건
사는 게 아닌가

가끔 그럴 때도 있는 거지

그런 날들이 있어야
다른 것도 볼 수 있지

천년만년 살아봐야
별게 없을지 모르니

아무 생각 없이
마음 편히도 살아보게나

깊은 바다의 고래

어둠을 가린 채
햇살을 감싸고 있다
깊은 어둠에 잠식되어
햇살이 점점 희미해지고

사라지지 않는 욕망이
나를 부르고 있다

감정의 소용돌이에 갇혀
아닐지도 모르는 저 빛 따라
올라가면 잡아먹힐지도 모르지만

그저 수면 위 햇살을 보고 싶었다

깊은 바다의 어둠에 갇힌 채
견뎌온 시간들이

어느새 옥죄어 오는 감옥이 되었고
올려다본 해수면에 내리는 빛이
새로운 희망이 되어
나를 이끌었다

거짓일지라도 위험해도 좋다
해수면 위를 뛰노는 하나의
빛나는 고래가 되고 싶다

헤살

일몰이 가까워 천조(天造)가 가득하고
마음의 씨앗이 움트는 시간
다가올 어둠에 움츠러든다

서월(曙月)을 기다리는 가슴에
구름이 잦아들고
가린 달 구름 새벽의 공기
시린 몸을 달래 듯

달맞이꽃 하나 놓인 자리에 마음을 달랜다

어제의 서월(曙月)과 사뭇 달라
미간의 주름만 더해가
깊어진 시간 정처 없는
시간만 흐른다

어찌 찾아 드리웠느냐

새벽달 그리워했거늘
그마저도 숨기고
나를 괴롭히는구나

헤살 맞은 네 심술이 나를 헤집어놓고
흔들리는 바위에 찢겨 나가는구나

강박

차일피일 미룬 시간
내 마음을 갉아먹는다

해야지 해야지
다독이던 하루가 지나가고
조급함에 적어 내리지만

이불속에서 괜찮은지
스스로에게 되묻는다

어지러운 마음만
머릿속을 채우고
어지러운 하루 끝
어느새 잠이 든다

Some Day

지치고 지친 날
다독이며 버텨온 하루
귓가에 들려온 음악 하나
참고 참아온 눈물샘 가득

어두운 나날이 멈추고
햇살로 물드는 그날이
올 거라는 믿음으로
버텨온 나날

그렇게 한 순간
무너지는 세상 속
주저앉고 흐느낀다

언젠가 오겠지
언젠가 나아지겠지

다시 또 나에게 다독이지만
흐르는 눈물은
나의 의지와 상관없이 흐르고

또 무너진 하루 속
언제가 올 그날에 기대 잠든다

Prat 2

너에게 하고 싶은 말

인정

가는 갈대에 부는 바람
흔들리는 꽃대가 하늘거리는 그때
꽃을 더 아름답게 만들고

차오르는 샘물 한 모금
갈증 해갈시킬 때
비로소 나를 일깨운다

묵묵히 지켜온
마을의 정승처럼
하나의 나무처럼

아무도 알아주지 않을 때
한낱 지나가는 무덤에 불과하고
그늘진 나뭇잎 사이 초목에 불과하니

어찌 그 햇살을 받을 수 있으랴
네가 봐주고 아껴줄 때
그 빛이 선연해지니

꽃은 딸 때가 아니라
옆에서 보살펴줄 때
비로소 꽃이 되리라

소통

하나의 점에서 시작했으나
결국 둘이 되었고

같은 공간에 있으니 다를 것이 없으나
이미 서로 너무 달라져 있다

소리 없이 무너진 마음과
소스라치게 무뎌진 마음은
어찌해야 할 바를 모르고

그저 웃기라도 하면 나아질까
억지웃음을 지어보지만

입맛에 맞지 않는 커피를 한 모금
마시고는 이내 뱉어
차디찬 바닥에 흩뿌려지고

멀어진 시간은 되돌아올 생각을 하지 않는다

꽃

우리는 알지 못한다
지금의 어둠은 피어날 그 꽃의 과정일 뿐

아직 피지 않아 겉으로 보기엔
그저 별것 없는 잡초처럼 보이지만,

그 안에는 향기 가득
오색찬란한 아름다움을 지닌 꽃이라는 것을

오늘이 힘겨운 이유는
꽃을 피우기 위한 과정이며

지쳐 잠든 하루는
내일의 아름다움을 피우기 위한
하나의 몸짓인 것을

언젠가 피어날 긴 기다림
소중히 간직한 채
그토록 움츠려 있는 이유는

더욱 환하게 필 너라서

세상을 누릴 너라서

신기루

무엇을 내어줘도 아깝더라
네 것도 아닌데
네 것인 양하더라

아무것도 가질 수 없는 줄 알면서
가질 수 있을 것처럼
욕심만 가득하더라

아니다 싶지만
신기루에 또 속는다
잡히지 않으면서 잡고 싶어
허공에 손짓만 가득

넌 신기루였더라

신중

두려움을 알고 나아가지 못함은
쉽게 행하지 않음은
겁이 많은 것도 아니고
소심해서도 아니다

어떤 결정과 노력에 있어
그 무게를 알며, 그 과정을 알기에
신중하고, 조심하는 것이다

우리는 삶이 가볍지 않기에…

한 번뿐인 생이기에…

믿음

믿어주는 만큼 이겨내고
이겨내는 만큼 성장한다

내 그릇을 빚어내고 크기를 정하는 건
나를 믿어주는 사람
혹은 스스로에 의해 정해지니

그 벽을 쉽사리 만들지 말아라

벽을 만드는 사람은
벽 너머 바라보지 못하고,

벽을 넘는 사람은
수 없이 넓은 바다를 볼 수 있을 테니

너에게

이해하려 해 봐도 쉽지 않음을 알고 있다

누구나 같을 수 없다

다 안다고 생각지도 않는다

그러나 위로가 되어 주고 싶다

그저 말 한마디가 힘이 되어 주고 싶다

하나의 위로가 되고 싶다

송곳

날카롭고 뾰족하게
날이 선 송곳이 나를 향한다

늘 있던,
시간…
장소…
그리고 사람들…

유독 심장이 아파온다

깎이고 깎여 얇아진 건지
쌓이고 쌓여 가까워진 건지

보일 듯 말 듯
얇아져 반투명한 벽
겨우 막아서

수많은 송곳을 마주하고

한 번 더 찔리면
분명 심장까지 닿아 아플지 모르지만
또 그렇게 길을 나선다

괜찮은 척, 아닌 척…

한숨

이 정도면 끝 날 만도 한데
무너진 마음은 돌아오지 않는다
수많은 위로의 말조차 들리지 않는다

깊게 내 쉰 한숨으로
폐가 아려와 더 이상
들이킬 숨조차 없는데
나아지질 않는다

너의 아픔과 고통을 이해한다는
어쭙잖은 위로들에
가소로운 가면들 뒤로
점점 마음을 숨긴다

멀어지는 진심은 나조차
외면해 버린 채

혼자 온몸을 집어삼킬
타이밍만 보고 있다

하늘이 점점 다가오지만
가면 뒤 감춘 한숨은
꺼질 생각을 하지 않는다

바보의 하루

누군가에겐 하찮고
누군가에겐 귀찮고
누군가에겐 반복되는 일상

누군가에겐 가질 수 없는
소중한 푸르른 그림이 되고

누군가에겐 일생에 딱 한 번
이루어졌으면 하는 꿈이 된다

당신이 아무렇지 않게 생각하는
지금의 시간, 공간 그리고 주변은

그 무엇도 하찮지 않으며,
그 무엇도 헛되지 않다

어리석음으로 지나칠 연속된 고리가 아니라
하나의 점들이 이어진 소중한 시간과 순간이니
쉽게 지나쳐버리는 바보는 되지 않길 바래본다.

인생

차가운 유리잔에 한가득
한숨만 쏘아붙인다

길고 긴 한숨에 걱정을 내어주고
긴 담배 연기에 가슴을 쓸어내지만,
달라지는 것은 없다

길고 긴 시간의 터널을 헤매기도
흘러가는 물살에 쓸려가면서도
버티고 버틴 시간들

고통에 몸부림치며
지나간 나날에 후회를 하지만
달라지는 것은 없었다

햇살이 머문 자리도, 폭풍이 지나간 자리도…

안다

내 발자국조차 비에 쓸려
그저 한 줌의 모래가 될 것을…

그렇게
사라질 것을

사과

미안해서 한 걸까
싸우기 싫어서일까

내가 틀려서일까
나와 달라서일까

풀리지 않는 수학 문제처럼
되뇌는 질문에 아픈 머리만 부여잡고
서로에게 달라진 시선에
씁쓸함만 여운으로 남아

멍든 가슴 움켜쥔 채
주저앉아 땅만 바라본다

친구

거친 비와 바람
수없이 몰아치는 폭풍
그사이 변하지 않는 그때 그곳

찬란한 시절의 풍경
아무 걱정, 아무 생각도 없던
즐거움이 가득했던 곳

지나가는 발걸음
하나하나 추억이 그득한 그곳에서
오랜만에 보는 풍경 속
마주한 너와 나

지치고 멍든 채
무거운 어깨 위
거칠 것 없는 시간

다시 마주한 너
그대로 있는 너

과거와 현재를 오갈 수 있는
유일한 타임머신

청춘

왜 청춘인지 아는가

두려움도 이겨 낼 네가
지금 서 있는 그 길이
인생에 있어 시작이 될
기대를 했기 때문이다

왜 청춘인지 아는가

부딪히고 넘어지고
아픔을 견뎌온 지금이
또 다른 미래에 너를 맞이할
지구 반대편의 너이기 때문이다

왜 청춘인지 아는가

푸르름에 녹아나는 계절이 지나
가을이 올 때쯤 그리워할 그 계절이기 때문이다

망각

초콜릿처럼 달콤함에 입안에서
서서히 녹아버린다
찢어진 기억이 불타올라
서서히 바라져 버린다

기억의 저편에서
찾아보려 애쓰지만
쉽게 떠오르지 않는다

초가 타들어 간 자리
연기만 남아
그렇게 흔적마저
사방으로 흩어지고

기억나지 않는 그 얼굴
뭉개진 채 번져버린 색감이

아련한 형상 어딘가 아직 서려
여기저기 흩어져버린다

이젠 보이지 않는다

그날들이…

절실

위로는 진심일 때 피어나고
사랑은 관심을 둘 때 솟아난다

아무것도 아닌 것이
가치가 생기려면
누군가의 인정이 필요하고

실패를 벗어나려면
수없이 많은 고난을 이겨야 한다,

고로 지금의 넌
고난을 이겨 낼 위로
생기를 불어넣을 인정
사랑을 피워 낼 관심

진심 어린 한마디가 절실하다

향수

먼 곳 떠나 낯선 곳으로
기나긴 시간에도
단풍 향 짙어져 간다

같은 하늘 아래
같은 공기일진대
이토록 다르게 느껴 짐은
그곳에 두고 온 마음
그 온기가 살아 숨쉬기 때문이다

낙엽 하나 부는 바람
떨어지는 잎새에
그리움을 더하고

길가 수북이 쌓인 그리움
그리움과 그리움이 더해가
그 뒤로 눈시울이 붉어진다

진짜였을까

지워지지 않을 씁쓸함
다시 또 그늘진 구석
외롭게 자란 풀잎이 되어
네 손길 구하는 하나의 해바라기가 되고,

언제쯤 오려나 오매불망 기다리는 네 마음을
한없는 기다림 속에 반짝임을 찾아 바람 따라
이리로 저리로 고개를 돌려 보지만

잔향도 남지 않도록 매서운 바람에
아무렇지 않은 척 꼿꼿이 고개를 들고
하늘만 바라본다

네가 준 그 사랑이 진짜였을까
그저 관심이 필요한 하나의 풀잎이었을까
작은 관심에 따스한 온기라고 착각했던 나일까

너였어야 했는지 아니어도 괜찮은지는
내가 알지만, 나조차도 나를 인정하기 싫어
계속 부정한 채 살아왔기에 오늘도 변함없이
그 부정 속에서 나를 살아낸다

이방인

작은 상처에도 쉽게
아픔을 느끼는 이유는
잠시 지나간 희망이
나를 다시 기대하게 했기 때문이다

실낱같던 그 한 줌의 조각이 사라지면
다시 경직되어 버리고
잠잠하고 고요한 시간 찾아온다

텅 빈 거리 가로수 아래 덩그러니
하늘을 올려다볼 시간은 점점 줄어
땅을 벗 삼아 걸어본다

짙은 어둠이 사라질 거라
눈을 감았다 떠보지만
그대로인 세상에 흐느끼고

행복하고 삶에 의미를 두는 사람을 보며
그저 부러움의 대상이 된다

내가 나인 채 살 수 있다는 건
마음의 병이 사라졌을 때
나를 믿고 사랑해 주는 사람이 있을 때뿐

사라지지 않는 어둠에 홀로 서면
그저 이방인이 된다

그저 이방인…

삐져나옴

하나둘 떠나간다
분명 같은 출발선
같은 그림을 그리며 나아갔는데
내 그림은 어느 한 곳에 멈춰 있다

그 시절 필름이 사르르 지나치면서
함께 했던 순간들이 떠오른다

즐겁게 웃고 떠들며
다른 삶 속에서 들어와
같은 꿈을 꾸며
하나의 원을 그렸지만

삐져나온 순간
길을 잃었다

Chapter 2
너의 향기로 물든 그 계절(사랑)

세상을 살아가면 한 번쯤 자신 말고 타인에게 사랑이란 감정을 느낀 적이 있다.
시기와 다르고 상황이 다르고, 느끼는 감정의 색감이 다르겠지만, 하나하나 소중하지 않았던 시간이 어디 있고, 그 순간만큼은 세상이 너무 아름다워 보여 행복으로 가득 차기도 한다.
지나가는 꽃향기마저 향기롭고, 떨어지는 꽃잎이 아름다운 그 시절, 어떤 것도 이룰 수 있을 만한 용기마저 생기는 가장 아름답고 소중한 순간이다.
자신이 아끼고 좋아하는 만큼 사랑이란 누군가에게 큰 기쁨과 소중함을 안겨주며, 사랑의 힘이란 감히 가늠할 수 없는 무언가를 일깨우게 해주기도 한다.
때로는 기다림조차 설렘이 되고, 때로는 같이 있는 자체로 소중함을 만들어 주는 그런 사랑의 감정들을 시로 표현해 봤다.
어렵고 복잡한 단어가 아니라, 누구든지 이해할 수 있는 어쩌면 이런 게 시일까 하는 생각이 들지도 모르겠지만, 누군가의 추억이 될 수도 누군가의 과거 혹은 현재일 수 도 있는 사랑에 대한 감정을 글로 풀어 소중하게 담아 전해드린다.

# 빈틈

하늘의 구멍이라도 난 것처럼
너와 나의 사이 생겨버린 틈
사이로 스며드는 그 바람

전부 인 것 같은 착각 속
틈새는 점점 벌어져만 가고

벌어진 틈을 자꾸 메꾸려 애를 쓴다

더 벌어지진 않을까
이렇게 멀어지는 건 아닐까

환각과 망각 사이
혼돈의 머릿속
끊임없는 자신과의 대화
변화무쌍한 마음 대적할 기운조차 없이

번뜩, 틈 사이 비친 눈부심에
머리를 맞고

스며든 빛을 넘어 들어온 다른 세상
알지 못했던 그 푸르름과 마주하곤
아름다운 숲이 나를 깨운다

'숲을 멀리서 보면
나무가 빽빽이 들어선 것처럼
그 보이는 것들이 전부인 것처럼 보일 테지만

자세히 보면 나무 사이 사이로 보이는 풍경이
더 운치 있고 아름다운 것이라고'

우린 그런 사이다
더 운치 있고 아름다운 사이

우리의 빈틈마저 사랑하는 그런 사이…

우리의 계절

가난한 마음에 피어난 봄은
어느새 추운 겨울을 몰아내고

네가 곁에 머무는 지금
함께라는 글자 위 벚꽃이 흩날린다

너의 계절은 따사롭고
너의 계절은 애틋하고

아깝지 않을 시간들 속
우리의 계절이 타고 흘러

햇살이 따스한 어느 날
싱그러운 공기의 새벽

우리의 계절은 그렇게
영원을 바라는 안개꽃 향
가득한 우리이길…

선회

하루에도 수십 번
너의 생각이 오고 간다

기찻길에 피어난
수줍은 민들레 같기도
황무지에 솟은
성난 선인장 같기도

때로는 보기만 해도
웃음이 그려지고
때로는 아프지만
꼭 껴안아 줘야 하는

모든 게 너로 인해
변하는 세상
하나의 지구를 선회하는

태양이 되어

낮과 밤을 교차하여
네 곁을 영원히 비추는
내가 되고 싶다

너라서

행복한 시간들이 몰려와
웃음이 끊이지 않는 시간

사랑이란 단어조차 부족한 너
혼자보단 함께여서 날아다닌 우리

여전히 지금은 황금빛 찬란함을 맞이하고
내 인생의 가장 빛나게 만든 건

언제나 나를 비추고 있을 너라서

항상 그 자리에서 비타민이 되어
나에겐 하루의 양분이 될 너라서

그런 너라서…

눈꽃

하얀 꽃이 떨어지는 겨울 한가운데
발그레한 동백꽃 하나
나를 향한 손짓에 미소가 번진다

물들어가는 꽃잎에
사르르 퍼지는 봄

그 손짓 하나에 모든 행복이
나에게로 스며들어
내 안의 숨어있던 세포들을 깨우고,
의미 없던 하루에서
살아갈 이유가 생긴다

그저 시린 계절에서 속
뜻하지 않던 네잎클로버가
하얀 꽃 사이에 놓여
나를 맞이한다

나비

햇살 가득 한 날에도
가만히 놓여 찾는 이 하나 없어
한숨 가득 미련을 숨긴 채
이내 주변을 두리번거리고,

고요함이 적적함으로 바뀔 때
홀연히 나타난 나비 한 마리 반가워

행여 날아갈까 숨죽인 채
사랑스러움을 뽐내는 나비의 우아한 날개짓에
움츠린 마음 녹아버리고 멍하니 바라본다

아무 일도 없던 반복된 하루에
기대조차 없이 내버린 시간이
행복으로 가득 찬다

여우비

뜨거운 태양에 지쳐갈 때쯤
한 마리의 여우가 나를 유혹한다

꼬리를 살랑이며,
부드럽게 찾아와
소리없이 다가와

눈을 감으니 선명해지는 소리와
떨어지는 너를 온몸으로 느끼고는
일렁이는 파도의 입맞춤에 황홀함으로
시원한 바다의 흔적을 맞는다

금세 눈 녹듯 사라졌지만,
너의 흔적은 선명하게 남아

스며든 사랑,
마음에 무지개를 걸어 놓는다

그날의 햇살

그날의 햇살은
네가 웃을 때처럼
포근하고 따뜻했다

바람은 네 목소리처럼
소리 없이 귀를 간지럽히고
흩날리는 꽃잎은 널 향한 마음처럼
부드럽게 흩날려

너의 말 한마디, 한마디
짧았지만 영원히 남을
그 작은 순간마저 놓치고 싶지 않아

너와 함께한 시간은
지나가는 계절처럼
아름답게 스쳐 갔지만

그 기억은 내 마음속에
영원히 머물러 포근하게 놓여
메마른 땅의 단비로 남는다

미모사

네 손길이 스쳐 지나갈 때
난 그저 하나의 꽃이 되었다

살짝 닿은 손짓에
소스라치게 흐느끼는 하나의 몸부림
설렘은 그런 것이니까

작은 손길에 놀라고
긴장한 사이에 쉽게 움츠러드니까

다가오는 심장 소리가 귓가에 닿을 때
한없이 작아지는 내 모습
하나의 미모사였고

드리운 네 손실 벗어날 수 없어
소리 없이 펼쳐 받아들인다

평범한 사랑

내가 꿈꾸는 사랑은 그저 평범함이었다
누구에게 자랑 잘하기보단
서로에게 기대어 밤하늘 별을 보고
함께 웃을 수 있는

내 숨이 다하는 날
고생했고 사랑했어

널 만난 날 전부가 나에겐
행운이었어 라는

생각보다 쉽지 않았다
그런 영화 같은 일은
일어나지 않았다

누구 탓인지 중요하지 않다
어리석음은 늦게 찾아오고
후회는 어리석을 뿐이니

어리석음조차 후회되지 않을
그날을 기다리며…

겨울 안의 봄

널 만나러 가는 길
추운 겨울은 여전히 봄

건너편 횡단보도
멀리서 보이는 모습
많은 사람들 속
유난히 발그레 한 볼

싱그러운 너
때아닌 봄이 온다

아름답게 흩날리는
눈꽃마저 초라하게
만드는 웃음 뒤로

풍경이 멈춰서고
시간마져 느려진 채
내 심장까지 멈춰

아니, 멈춰도 좋다
지금이 영원할 수 있다면

나만

나만 그런 줄 알았다
나만 힘든 줄 알았다
너는 아닌 줄 알았다
너도 그랬다

너와 난 하나였다

헤어지지 못하는 이유

다르지 않았다
나만 다르다고 맞지 않는다는 생각은 착각이었다
서로 맞춰가는 것이 아니라
어느새 닮아 가고 있었다

너는 또 다른 나였고
나는 또 다른 너였다

시간은 우리 편이었다

그렇게 서로에게 물들어
지난 시간이 바로 지금의 너와 나였고
어설프게 닮은 모습에
끊임없이 상처를 주고받지만

상처와 치유가 반복되고
어느새 단단한 하나가 되었다

바래다준 그 길

지금쯤 도착했을까?
잘 가고 있을까?
너도 내 생각을 할까?

무기력했던 매일
궁금하지 않던 내일이
별 볼 일 없던 세상이

다르게, 다르고, 달라져…

어느새 머릿속은 온통
네 생각뿐

왜 세상의 모든 궁금증은
너에게로 갔을까?

사랑은 그런 것

애써 생각하지 않아도
생각나는 것

애써 그리워하지 않아도
그리워지는 것

애써 다가가려 하지 않아도
가까워지는 것

어쩌다 마주친 구름 사이로
그려보는 것

밤하늘 달빛에 비친
호수 위 잔잔히 비치는 것

헤어진 후 잠시의 공백에도
그 자리를 찾게 되는 것

아름다운 풍경
좋은 시간

이유 없이 생각나는 것

버스 안 로맨스

포근함에 스르르 감기던 눈
버스 뒷자리 어깨에 기댄 너

행여 깰까 조심스레 고개를 돌려
밑으로 내려다본 넌

세상의 천사가 내려온 듯
숨죽여 바라본다

버스의 덜컹거리는 흔들림에
창밖의 경적소리에
구름 사이 쏘아대는 햇살에

조심스레 고개를 돌려보니
여전히 애깨에 기대어 있는 너

마음속으로 사라지라는 말만 전한다

지금의 시간이 멈추길 바라면서…

Chapter 3
하나이길 바랐던 꿈(이별)

대부분의 사람들도 많은 사람 혹은 그 외 많은 것들에 대해 이별을 겪게 된다.
저자 역시도 오랜 기간 만난 인연, 그 외의 많은 것들과 이별을 겪었고, 그때마다 수많은 감정에 휩싸여 힘들었던 시간들을 보내곤 했었다.
아마 이별이란 단어만으로도 표현하지 못 할 슬픔들이 찾아와 감정을 늪에 빠져 나조차 나를 컨트롤하지 못하는 경우도 있다.
아름답던 계절을 지나 차디찬 겨울이 다가와 나의 숲을 어지럽히는 그런 날들을 맞이하는 모든 사람들에게 그때 그 기억들의 감정을 담아 이 시들을 보낸다.

짧은 러브 스토리

건네 잡은 손
떨렸던 순간
천천히 가길 바랐던 나

아무도 방해할 수 없는
용감했던 나

아름다운 시절
늘 함께였던 햇살
내리는 비에도
너의 무지개에 웃었던 나

시간이 흘러
쉽게 부서지고
한없이 나약해지고
스치는 한마디에

상처로 남아

다 이해할 수 있을 것 같았던
너의 모든 것
쉽지 않았던 마음

산산조각 나버린 우리
여전히 출발선

홀로 인 나

나라서

철없고 가난했던 (나라서)
너의 상처조차 쉽게 생각한 (나라서)
그때의 소중한 시간의 깊이를
아무렇지 않게 생각한 (나라서)

지나고 후회할 날들을
깨닫지 못하는(나라서)

언젠가 다시 볼 수 있다는
기대감으로 바보같이
아무것도 하지 않고
기다리기만 하는 (나라서)

오늘도 내일도 그 시절을
그리워할 (나라서)

바람 속에서

뜨거운 태양 사이로
선선한 바람이 불어올 때
다시 또 올 계절이
달갑지만 않구나

머물다 가는 그 자리에
푸른 잎 색색이 떨어져 나가는 순간이
너와 나의 그 시절 같구나

바람이라도 좋으니
잠시 머물다 가면 좋으련만
저 바람이 머무는 곳엔
네가 없구나

답장

오지 않을 거란 걸 알지만
오기를 바랐다

꾹꾹 눌러 담긴 마음이 전해질까
행여 지난 시간들이 돌아올까

이미 보내 버린 마음은
언제 돌아올지 모른 채

조마조마한 가슴을 쓸어내려

퇴근 시간 우체통만 뒤적이다가
아쉬움 마음만 꺼내 온다

그림자에 가린 너와 나

다름이 또 다른 거리를 낳고
보이지 않던 것이 선명해지니
이내 다른 것만 보였다

외로운 달그림자 뒤에 숨어
서서히 드러난 간극

그저 시선을 마주한 채
진심을 속인 억지웃음을 자아내고

새벽이 지나 서광이 드리워
그림자마저 사라지니
보이지 않던
우리 사이의 거리가 드러나
아니라 믿었던 순간을 맞이하고

결국 하나였던 둘은
각자의 길로 걸어가
시작한 그 어둠 속으로
사라졌다

이별의 빈자리,
오만함의 끝에 너를 마주하다

그때는 알지 못했다
이별이 다가오기 전까지

빈자리는 우주를 집어삼킬 듯
어둠 속으로 빨려 들어갔다

캄캄한 우주에 홀로 선
이별은 알게 해줬다

내가 살아있고,
너와 함께한 시간들에 마주한 우리

그저 같은 크기로
자리 잡은 줄 알았다

착각은 오만함에서

그리움은 허전함에서
늦은 후에 알게 되었다

교만함은 후회로 가득했고

저 바다 끝 너를 그리는
순간마저 그리움으로 물드는
세상이 펼쳐질 거란 걸

마지막…

두근대던 그날
알 수 없던 두려움
어쩌면 마지막일지 모른다는 생각
적막한 공기가 날 감싼다

마주한 너와의 시간
평소와 다른 순간
이 순간만이 오지 않길 바랐던 소망

아슬아슬했던 줄타기
그 애처로운 떨림은 이내 끊어지고

울음조차 나지 않던 밤
숨어서 지켜보던 나
행여 다시 돌아올까
핸드폰만 바라본 채

그 자리에 털썩 주저앉아
지나간 추억에 휩싸이고

부정하는 순간
바라보는 시간

별수 없던 그날

한없이 밤을 지새워 너를 그린다

꿈

꽃 같던 너
꿈같은 시간

별 같던 너
떨어진 밤

막다른 길

바랬던 꿈
아니길 꿈

어쩌다 우리

뜨거웠던 커피
차갑게 식어가는 시간

너와의 설렘 역시
시간에 무뎌져 간다

내 마음을 알아챘는지
너 역시도 눈치를 보고
이렇게 흘러가는 시간조차
서로에게 짐이 될까
안타까움 속에 웃어본다

빛바랜 사진들이
다시 돌아오지 않을
흑백으로 드리울 때

그 시간이 다가옴을 안다

그토록 눈부신 세상
바래진 풍경들
편안함을 넘어
서로에게 지쳐가고

언제부터였을까

우리의 시간은 느리게 가며,

점점 약속의 시간은
가까워져 간다

작은 것조차, 이별은 참…

무언가의 이별은 작은 것조차
서럽고 쓸쓸하다

심지어 남은 껍데기까지

스치는 인연에도 잔향이 남아

부서지는 파도에 지워버리려
놓아버리는 기억의 끝자락

조각조각 깨어진 마음의 별
공허한 가슴 속 밤하늘에 흩뿌려지고

또다시 어지러운 밤을 맞이한다

별거 아니라 생각했던

그 모습조차 기억의 가랑이를 붙잡고
가련한 내 모습에 쓸쓸한 바람까지
쓰라리고 아프게 느껴진다

조금도 떨어지지 않는
아픔에 젖은 새벽

더욱더 가혹하게 다가온다

그날의 눈물

재깍재깍 시계 소리 귓가에 흐르고
불 꺼진 방 커튼 사이 은은한 빛
방에 한가득 메워진다

이 정적이 오지 않기를 바랐던 시간이 지나
어느새 가슴에 작은 구멍이 난 채
주변을 바라보고,

함께였던 순간들이 뇌리를 스쳐 갈 때면
커다란 진동이 온몸을 흔든다

내 생에 가장 아름다운 순간이었고,
온 세상이었으며,

어느 하나 빛나지 않았던 적이 없는
그 세상이 몸서리치게 그립다

함께 쓰던 식탁 하나 그릇 하나
눈에 보이는 것들이 온통 너였고

방안 모든 것들이 먹먹하게 만들고는
걸려진 사진에 털썩 주저앉는다

그렇게 참아왔던 눈물의 댐은
처참히 무너지고,
이내 가슴을 쓸어내려
남아있는 응어리를 토해낸다

이건,
꿈,
아니,

그렇게 주저앉아 방안 온통
고통으로 드리운다

시작과 끝

우리의 시작은
중력과 같았고
우리의 만남은
관성과 같았다

하나의 수선화에서
하나의 해바라기로

서로에게 핀 각자의 꽃
다른 꽃이지만 비슷하려 애를 썼고

메밀꽃 같은 시간이 흘러
어느새 갈림길에 마주했다

분주함 속에도
소중함을 간직했으며

오랜 염원이 담긴 돌탑처럼
넘어지지 않기를 바랐다

여러 계절을 돌아 넘어지지 않기에
이제 잡지 않아도 떨어지지 않을 거란 착각
놓아버린 그 손길은
다시 돌아오지 않았다

캠퍼스의 추억

하얀 눈꽃 사이 피던 네 모습
네 주변만 느리게 가던 순간

다가오던 네 발길

심장 소리가 귓가에
너무 빠른 심장이
어쩌면 숨이 멎을 듯했던 시간

'안녕?'

겨우 인사를 건네곤
온 우주가 내게로 온다

꿈같은 세상이 다가와
멈췄으면 하는 시간에 나를 건네고

기적 같은 순간들이 황홀하게 만든다

기적은 순간이며
기억은 영원하다는
마치 본 듯한 글자들이
머릿속으로 찾아와
나를 괴롭힌다

수많은 길을 손잡고 걷던 우리는
어느새 느슨해지더니

잡은 손끝이 애처로워 힘을 주지만
이내 놓아 버리고 만다

조금만 더 가면 평탄한 길이라 생각했지만,
아마 너는 그 조금만이 한계였나 보다

이렇게 지나갈 인연이었으면
시작도 하지 말아야 했지만,
너는 너무 달콤했다

아름다웠고 세상이 빛으로 물든 순간이었다
하지만 그 한계에 부딪혀 연기처럼 사라졌다
결국 마지막 인사는 마음속으로 보낸다

'안녕'

결국 이별 후엔 그리움들이 남고, 이별이 아니더라도 언젠가 내가 웃고 있던 시절이나 혹은 기억하고 싶던 시절을 가슴속에 담아 그리워하곤 한다.
아마 누군가에겐 별것 아닌 일상이었을지도, 혹은 스치는 인연일지도 모르지만, 나만큼은 소중했던 그 시간을 추억하면서 살아간다.
아마 사람들은 자신이 그리워하는 시절로 돌아가기를 바란다.
시간의 굴레 속에서 아무도 역행해서 돌아가지 못함을 알고, 더욱 그리움에 쌓이기도 한다.
만약 내가 지금의 상황이 과거보다 좋지 않다거나, 혹은 그 과거가 나에게 가장 빛났던 순간이거나, 너무 진한 향기가 배어 차마 잊혀 지지 않았을 그 시간을 되돌아본다.
그리움은 문뜩 문득 찾아와 나를 괴롭히기도 하지만, 사람들이 살아가는 힘 중에 하나 역시 내가 살아갔던 그 소중한 시간들을 회상하며, 누군가에게 공감으로 남길 바라며, 시들을 담아본다.

기억의 실

기억에 머물러 잊지 못할 꺼라
억지로 막아내고 있었단 네 생각
끊어지지 않을 너와의 실 한 줄

잡고 있던 그 줄을 따라
네 기억이 머문 그곳으로
오랜만에 걸어 네 기억을 찾는다

한 손 한 걸음 줄을 잡아 이끈 발걸음
다 와서 보니 끊겨 있는 네 기억의 실
오랜 시간 찾지 않아 도망간 건지

실망한 네 기억의 무덤 앞
허탈함에 그저 바라본다

늘 늦던 후회와 현실에 대한 타협
아무 소용 없는 싸움
아쉬움 가득한 기억을
허공에 불러본다

봄과 겨울의 경계

너를 보낸 그 시간
나에겐 봄과 같았고
너와 함께한 그 시간은
나에겐 천국이었다

외로움을 위한 네가 아님을
그저 내 욕심에 채워진 네가 아님을
봄과 겨울의 경계를 마주 하니
선명해지고

너의 짧은 한마디
울먹이는 목소리
마지막일지 모르는 순간 앞에 놓여
아무 말도 하지 못한 채
지나간 주마등이 스쳐 가고

죽음에 대한 두려움보다
너를 잃은 아픔에
그저 온 세상 잿빛으로 물든 채
굳게 다문 입술 사이
눈물이 흐른다

아닐 거라 아니어야 하는 순간에
울고 있는 너에게
위로조차 건네지 못하는 나를 보며
차가워진 사이 겨울이 두렵기만 하고

그 꽃잎은 바람에 흩날려
유유히 사라지고
빛조차 들지 않는 긴 터널에 놓인 채
나를 채찍질한다

'넌 충분히 아름다웠어
난 늘 바보였고
네가 다녀간 모든 순간에
난 늘 봄이었어

고마워

나란 어둠에 깃들어줘서'

마지막 가슴 속 편지를 너에게 보낸다

혼적

잊은 줄 알았던 시간
버티도 버텨온 세월
아닌 줄 알았던 마음
문뜩 본 시린 너

아직 남아있던 흔적
아픔이 흐르고 흘러
저 먼발치에 있는 줄 알았는데

아니었다

그저 곱게 포장되어
언젠가 꺼내질 시간을 기다릴 뿐

외면하고 지나친
모른척하면 나아질 줄 알았던…

무심코 열어본 상자에
아픔이 다녀가고

무덤덤했던 그 마음은
다시 아파오기 시작했다

넌 여전히 그곳에 있었다

겨울 속 핀 벚꽃

꿈일까…

온 세상 연분홍색 벚꽃 핀 가운데
하얀 눈꽃 잎이 햇살에 날린다

그리움의 흔적이
찬란했던 순간이
아련해지는 하나의 꿈이 펼쳐지고,

흩날리는 것이
눈꽃인지 벚꽃인지
알 수 없을 만큼,

찬란하게 빛을 내며
꿈꿔왔던 어디쯤 서 있다

멀리 보이는 다리 위
아련한 그녀의 모습

아픔은 모두 잊은 채
포근함에 미소 짓고

만져지지 않아도
잡히지 않아도
그저 좋았다

바라보는 세상이
멀리서 있는 그 뒷모습이
꿈일지라도

그저 지금이 멈춰
심장이 멎을지라도…

네 무릎을 베던 그날

바람 소리 고요함에
너의 숨소리마저 느껴지고

무릎에 기댄 내 심장에
스며든 너의 향기

다 가진 것 같은 세상
온 우주에 둘만 있던 그곳

아련했던 기억이
미련했던 추억으로

아끼고 아꼈던 너였지만
베이고 베이던 그 말의 상처

다시는 가질 수 없는 네 마음
떠나버린 그 숨결
돌아오지 않는 향기

쓸쓸함 그 어딘가 홀로 남아
눈감으며 그려본다

아픔을 준 시간이 아닌
사랑했던 그날의 기억을…

만약에

오랜 시간
문뜩 튀어나온 마음
너와의 마지막 장면으로
되돌아가 다른 나를 그려본다

그날 그 시간
어떻게 하면 달랐을까

다른 오늘이
다른 내일을
맞이할까

그렇게 한참을 망상 속에
넣어 둔 채
눈을 감고
그날의 장면을 그려본다

잘된 거야
잘한 거야

스스로 위로하는 나였는데
지금 왜 이럴까 하는 생각은
너를 위한 걸까
나를 위한 걸까

궁금함만 더해진다

니가 드리운다

변한 일상 속 잊었단 생각
안일했던 착각
문뜩 잊고 있던 너

우연 속 마주친 너의 흔적이
다시금 착각을 깨운다

아닌 줄 알았던 마음이
아지랑이 피어나듯
서서히 나타나더니

차갑던 마음 한구석을 녹여
다시 그 시간의 흐름 속으로 빨려 들어가
온전했던 나를 흩트려놓는다

멀어졌던 순간이 눈앞에 놓이고
아름다웠던 사진들이
눈물로 다가온다

궁금하지 않았던 네가 드리운다

눈의 계절, 횡단보도 앞 신호등

너와 함께했던 그 계절
매서운 바람
눈꽃이 휘날릴 때
그리움이 하나둘 떨어지고

오늘의 내가
내일을 그리듯
어제의 내가
너를 그려본다

그을린 천장 사이 눈꽃들이
어서오라며
추억의 한 조각 조각
드리우고

너의 계절 어딘가 홀로 서서
그 쓸쓸함을 맞이한다

겨울에 맞는 봄의 향기에 취해
헤어 나오지 못하고
그날의 기억에 한참을 헤메이다

떨어진 신호 소리에
급하게 발걸음을 옮긴다

그때의 너

지나온 시간 서 있는 너
그 길을 지나가고 있는 나

희미해지고 흐릿해진 그 페이지에 넌
이제 잊힌 줄 알았지만
다시 선명하게 다가와
마음 한구석이 아려 온다

너만 본 그 시절
아무것도 생각지 않고
오직 사랑만 본 시간
간절했던 순간

그게 끝일 줄은 몰랐다

그렇게 영원할 줄 알았던
그 시간은 한순간 물거품으로
바다의 파도에 쓸려 사라지고
다시 오지 않는다

오지 않을 너를 기억하며

가을비

잠잠하던 노란빛 그라데이션을 깨고
조각조각 먹구름 드리우더니
이윽고 닭구 비가 내린다

창밖 빗소리에 기대어
한참을 듣고 있으니
어느새 쓸쓸함의 계절
곁으로 와 귀를 간질이고
어느 하나 알 수 없던
그 시절의 추억이
뇌리를 스친다

어두웠지만
해맑았고

불안했지만
즐거웠던

가을의 시작
쓸쓸한 계절 속
너를 그려
마음을 달래본다

맴돌다

빛바랜 추억
시원한 바람
감은 눈 보이는 시간

찬란했던 시절
꿈꿔왔던 우리

아무 생각도 걱정도 없이
오늘만 바라보며 살아온 순간의 연속

이렇게 멀어질 줄 알았더라면
너무 가까워지지 않았을 텐데

생각이 너무 많아진 나이
돌아갈 수 없는 그 계절

너의 계절 속 온기가
감싸고 스며들어서
하나의 심장이 되어
곳곳에 흩어져 있다

너는 그렇게
아직 내 주위를 맴돌고 있다

바다와 조개

파란 하늘과 바다 맞닿은 세상
고개를 올려다본 시선

바람이 지나가는 흔적인지
구름이 나란히 펼쳐져 있다

그 안에 놓은 흔적
풍경을 보고 있노라면
삶이 별거 아니고
세상 속에 나는
작은 존재임이 드러난다

지나가는 발에 걸린 조개 하나
그 시절 향수에 집어 들고

어느새 아이가 되어
천진난만한 그리움에 미소 짓는다

그땐 아무것도 아닌 것에
웃고 떠들고
동네가 떠나갈 듯
왁자지껄했던 그 시절의 나로 돌아간다

선연해지다

길게 뻗은 손가락 사이
새어나가는 우리의 온기
우연을 핑계로 수없이 다녀온
너와의 추억

그랬다

나의 시간은 거꾸로 돌아가
그 시간에 머물러
더 이상 움직이지 않았고,

쓸쓸함이 묻어나는 그 계절
수 없이 다가가려 애써 봤지만,

네 모습은 늘 그곳에 있어서,
더 선연하게 다가올 뿐

지우려 한 시간도
담담하려 했던 시간도
허망한 그림자의 일각이었고

가려진 그 밤하늘 구름 속
네 모습은 늘 그곳에서
더 선연해질 뿐이었다

하늘구멍

뻥 뚫렸다

가슴인지 하늘인지
비인지 눈물인지
기어코 참아왔던 네가
한없이 쏟아진다

허전함이 내려
가슴이 아려 오고

매일 참아온 슬픔을
담을 준비도 안 됐는데
세차게 쏟아진다

주워 담기엔 늦어버린
살아 내기엔 너무 깊숙이 박힌

손가락사이 가시처럼
끝내 나오지 않고
사라지기만 기다린다

언제쯤 아물까

되돌아오는 기억은 부메랑처럼
여기저기 돌아와 오늘도 나를 괴롭힌다

사람은 강하기도 하지만 때때로 강하기 위해서 노력하며, 한번 무너진 마음을 되돌리기가 때론 쉽지 않다 사람에게 배신도 당하고, 내가 노력했던 것들이 물거품이 되기도 하며, 타인으로 인한 상처들에 일어날 힘조차 없어서 주저앉기도 한다.
삐끄덕 거리는 소리가 날 때마다 누군가 손잡아 주길 바라거나, 함께 있는 사람에게 위로를 받길 바라지만, 그마저도 쉽지 않을 때가 있다.
어쩌면 사람은 애초에 연약한 존재 일 지도 모른다.
태어나서는 부모의 도움이라던가 주변의 케어가 없이 혼자였다면 살 수 있었을까? 하는 의문이 들기에 더더욱 그렇다 그래서 사회적 동물이라 한 이야기가 혼자는 살 수 없기에 나온 말이지만, 그렇다고 내가 바라는 만큼 내 주변이 나를 알아주거나 위로해 주는 건 아니다.
가끔은 울기도 혹은 대중매체나 글 혹은 음악으로 치유 받기도 한다.
그런 수 많은 위로들 중 하나의 글로 다가가 작은 힘이라도 되고자 이 글을 전한다.

욕심

욕심이 있다는 건
채울 것이 있다는 것
그 그릇의 크기가
남들보다 크다는 것

그릇은 담아보기 전에 알 수 없으며
바다의 깊이 또한
가보지 않으면 알 수 없다

고작 바람에 흩날릴 거라면
그대로 있고
금방 멈출 거라면
움직이지 말아라

스스로를 단정하기 미리
정하기보단 일단 걸어보아라

도망가자

어디든 어느 곳이든
여기만 아니면 돼

아무도 없는 그곳에서
온전히 나만 느낄 수 있도록

다른 시선이 없는 그곳으로

가끔은 그래도 돼
너도 할 만큼 했으니까
다른 사람은 아니라 하겠지만
너는 충분했으니까

누가 뭐라하던 상관없이
그저 네가 하고 싶은 대로
멀리 도망가자

잠깐은 괜찮을 거야
누구나 힘들다지만
누구든 버틸 수 있는 건 아니니

아무도 없는 그곳으로
도망가자

파도 소리 들리는 그곳
바람 소리 들리는 그곳
나무 향기 가득한 그곳

어디든

도화지 한 장

정해진 시간 속
하얀 도화지에 그려 나가는 삶

그 그림 속엔 지우개가 없다

그리다 삐쳐 나갈 수도
생각한 그림과 다른 그림이 나올 수도
어쩌면 잘못 그려 망가질 수도
망쳐진 그림 미워해 봤자

너만 힘들어질 뿐

도화지는 한장 뿐인데
별수 없을 텐데

망가진 그림이라
싫어만 할 것인가

한 장뿐인 도화지임을
알았었더라면

이제 와 고칠 수 없다면
다시 덧칠이라도
다시 주변에 꽃이라도
그려보자

누군가의 가슴 속에
남을 한 장이 되기 위해

나에게

고작 이렇게 피고 질 것을
그리도 몸부림치고 고민했을까

아름답던 순간도 잠깐인데
그 많은 고통을 견뎌 지내왔구나

그때는 왜 알지 못했을까

모든 순간에 나보다 너를
더 사랑했을까

후회는 하지 않지만
미련은 남는다

늦었지만
나에게 미안하고

고생했단 한마디
위로의 한마디로
오늘을 마무리해 본다

잘자 고생했어

힐링

푸른 하늘이 태양으로 물들 때
가만히 눈을 감고 한숨 크게
세상을 느껴본다

일상에 지친 하루 끝
가슴엔 편안함으로 가득하고
정처 없이 떠돌던 마음이 이내 돌아온다

분홍 구름 새들의 노래가사
귓가에 맴돌고는
지나가는 고양이마저
잠시 멈춰 서서
지친 하루를 달랜다

미미(美美)

가진 것이 값지지 못함은
그 아름다움을 알지 못 함이며,
가진 것을 알지 못함은
알아차릴 눈과 귀를 닫고 있음이다

하나도 버릴 것이 없고
하나도 아름답지 않을 수 없기에
자세히 보아야 그 깊이를 알 수 있기에

여전히 넌 아름답기에

애쓰지 마라

시간을 잡는다고 되돌아가지 않고
물은 애써 높은 곳으로 가지 않으며
꽃은 모진 비바람에도 꽃을 피운다

애쓰지 말아라

애쓰려 할수록 멀어진다면,
그건 이미 날아가기 위한
꽃씨에 불과하며

잡으려 한들
어떠한 바람에도 날아가니
애써 붙잡으려 하지 마라

잡으려 한들 사라질 것이고
잡지 않아도 다시 돌아올 테니…

한숨

잊어야 한다

어렵고 힘들었던 삶
기억의 저편으로 훌훌 털고

마치 하나의 꿈인 듯
누군가의 이야기인 듯

좋아질 내일을 생각하고,
더 나아질 날들에
내 꿈을 펼치고는

눈을 감고 한숨 한번
들이켜고 내쉬며,

한숨으로 날려 보낸다

해피엔딩

괜찮은 척 애써 웃음 지어 너를 보지만
왠지 모를 불안함에 눈동자가 흔들린다

그저 조금이라도 가까이 가고파
햇살 같은 네 곁에 다가가지만

높은 언덕,
바위 끝 매달린 나뭇가지는
거친 비바람이 몰아칠 때면
부러지고 꺾일까 조마한 가슴 부여잡고
수없이 외로운 시간을 버틴다

상냥한 네가 올 때마다
불안이 함께 스며드는 건
동화 같은 세상에 깨어버릴 것 같은 꿈 때문일까

사랑과 슬픔이 오가는 동화 속
페이지를 넘기며
해피엔딩이길 바라본다

하루

노력의 하루가 힘들지 않은 이유는
기다림의 하루가 지루하지 않은 이유는
지침의 하루가 고되지 않은 이유는
똑같은 매일이 지나치지 않은 이유는
언젠가 올 실패가 두렵지 않은 이유는

열심히 살아온 나를 믿기 때문이다

시간의 탑

재능은 노력을 이길 수 없지만
노력은 재능을 뛰어넘을 수 있다
불가능을 가능케 하는 것들은
가능하다는 자신에 대한 믿음으로 시작되며,

재능을 가진 사람과 아닌 사람의 시간은
다르게 적용되지만,

더디게 흘러가는 시간 속
쌓여가는 순간에 대한 시간의 탑은
결코 배신하지 않는다

잠시 쉬면 되는 것

힘내라는 한마디
위로받지 못하는 건
힘내라는 한마디
여유조차 없는 것

잔잔한 바다에도
배가 요동치고
가벼운 바람에도
일어서지 못하는 것

결국 주저앉아
일으켜 세우는 건

나에게 주어진 것

그저 잠시 쉬면 되는 것

시간에 기대어
흘러가면 되는 것

윤슬

잔잔한 바다 위 햇살이 비추면
아름다운 반짝임
눈이 부시고 언제 그랬냐는 듯
세상이 고요하고 평화롭게 비친다

지겹도록 힘들던
지난 시간 바다 위 떠나보내고
잠시 나만을 위한 시간

유유히 잊혀 가는 걱정들이 신비롭다

왜 이제 왔냐며
반기는 바다 위 물결
왜 그리 힘들어하냐며
대신 울어주는 파도 소리

그저 이 바다에 몸을 맡기고
저 햇살에 취해
할 일 없이 떠다니고 싶다

똑같은 일상일지라도…
내일이 오늘의 반복일지라도
반복되는 일상이 슬픔이 될지라도
자책하는 일은 없기를

네 시간에 머문 그 소중함은

스스로 판단할 수도 없을 만큼 아름답기에

지나가리라

잃어 가는 희망
더해가는 고통

지금의 나 때문인지
미래의 나 때문인지
그저 과정에 속한 하나의 페이지일 뿐
영원한 건 없으니

너의 고통 역시
그렇게 지나가리라

속지 마세요

속지 마세요

지나가는 바람일 뿐입니다

속지 마세요

떨어지는 낙엽일 뿐입니다

속지마세요

그저 기쁨의 한 조각도 안 되는
두려움일 뿐입니다

내 주위의 행복

고된 하루 끝 올려다본 밤하늘
열심을 다한 후 시원한 커피 한 잔
수많은 노력 끝의 성과

누군가의 위로
날 아는 듯한 너의 눈빛
그리움에 재회

회색 풍경 도로 길가에 핀 꽃 하나
무더운 날씨의 시원한 바람
어쩌다 마주친 저녁노을
간절함 끝에 놓인 소중한 선물

어쩌면 놓치고 있을지 모르는
내 주위의 행복

장애물

인생에 장애물이 없다면
노력 끝에 맺힌
달콤함을 알 수 없다

오르지 못한 산이라 생각했던 시간
이미 이만큼 올라서서
주변을 바라보니 제법이었다

정상을 꼭 오르지 못하더라도
네 노력과 그 높이는
너의 깊이가 될 것이고

화려하지 못해도
수려하지 못해도

그 시간은 결코 돌아오지 않고
헛되지 않을 것이니

새벽, 별 담은 너의 안식처

초판 1쇄 발행 2025년 1월 15일
초판 1쇄 인쇄 2025년 1월 15일

지은이　　새벽

디자인　　포레스트 웨일
펴낸이　　포레스트 웨일
펴낸곳　　포레스트 웨일
출판등록　제2021-000014 호
주소　　　충남 아산시 아산로 103-17
전자우편　forestwhalepublish@naver.com

종이책　　979-11-93963-89-0

ⓒ 포레스트 웨일 | 2025

· 이 책은 저작권법에 의하여 보호받는 저작물이므로 무단 전재와 복제를 금합니다.
· 이 책 내용의 전부 또는 일부를 이용하려면 사전에 저작권자와 포레스트 웨일의 서면 동의를 얻어야 합니다.

인스타그램 @dawn_author